LETTRE

A

M. LE COMTE ***,

PAIR DE FRANCE,

Sur les 280,000,000 de francs que la France doit
encore verser aux puissances étrangères.

A PARIS;

Chez Delaunay, Libraire, Palais-Royal, galeries de Bois.

1818.

LETTRE

A

M. LE COMTE ***,

PAIR DE FRANCE,

Sur les 280,000,000 de francs que la France doit encore verser aux puissances étrangères.

A PARIS,

Chez DELAUNAY, Libraire, Palais-Royal, galeries de Bois.

1818.

LETTRE

A

M. LE COMTE ***,

PAIR DE FRANCE.

C'est avec un bon Français et un homme de bien comme vous, monsieur le comte, que je sens le besoin d'épancher mon cœur sur un sujet qui, en ce moment, forme l'entretien de tous les salons de la capitale, et auquel vous ne sauriez manquer de prendre le plus vif intérêt; car il touche éminemment l'honneur et l'intérêt de cette belle France, si long-temps battue par l'orage, et plus grande encore dans ses revers qu'elle ne l'a été dans sa prospérité la plus éclatante.

Mais comment, retiré comme vous l'êtes, à l'heure qu'il est, dans ce seul domaine de vos ancêtres, que la faux révolutionnaire ne vous a pas enlevé, où les bénédictions des habitans ne cessent de vous accompagner; comment, dis-je, vous mettre au courant d'une question dont aucun papier public ne parle, si ce n'est fort passagèrement, et qui se trouve tellement travestie, qu'on a bien de la peine à la saisir dans son véritable jour?....

Un petit écrit que je vous envoie ayant pour titre : *Réflexions sur les 280,000,000 fr. qui restent à payer aux puissances étrangères*, pourra, je crois, mieux que toute autre explication, vous la faire comprendre.

Vous parler finances, ce n'est pas vous parler un langage inconnu. Vous avez profondément médité cette utile science. Votre émigration et vos longs séjours en divers pays, vous ont mis à portée de recueillir, sur ce sujet, des notions positives et des connaissances pratiques, que l'étude du cabinet ne saurait fournir toute seule.

Mais ici votre savoir est presque oiseux. La question qui occupe maintenant le public est tellement simple, que tout le monde à peu près est à portée de la résoudre.

Vous saurez que l'emprunt des 14,600,000 fr. disséminé d'une manière au moins *baroque*, a été fixé le 30 mai au prix de 66 fr 50 c., lorsque l'on s'attendait à le voir fixé au prix de 68 fr. pour le moins.

Ainsi voilà déjà une différence en perte pour l'état de plus de 4,000,000 fr.

Cependant, comme ce sont des Français qui en ont profité, et que parmi ces Français, surtout parmi ceux qui n'y ont eu que des portions *minimes*, il en est qui ont rendu et qui rendent encore des services essentiels à l'état, je ne m'appesantirai pas sur cette dépense gratuite, quoiqu'on ait lieu de s'étonner qu'elle soit faite dans un moment où des économies qu'on dit indispensables, font pousser tant de soupirs et couler tant de larmes.

Mais, comment expliquer que le jour même de la fixation du prix de l'emprunt des 14,600000, fr., le même 30 mai, lorsque les intérêts de cet emprunt se vendaient déjà à plusieurs pour cent de bénéfice, on ait pu établir le prix de l'emprunt pour les 280,000,000 fr. à fournir aux puissances étrangères, à un taux encore bien plus onéreux et qui répond à environ 62 fr. au comptant?....

Comment expliquer cet empressement, lorsque le prix de la rente avait monté considérablement, et lorsque tout annonçait qu'il ne pouvait tarder à monter encore davantage?

Comment expliquer surtout l'accueil qu'on avait fait, l'encouragement qu'on avait donné à une députation de négocians qui, peu de jours auparavant, et avant que rien ne fût conclu, s'était présentée à l'un de nos ministres, que tout le monde s'accorde à nommer l'un des meilleurs Français qui existent ?

On avait invité ces négocians à former une société française ; on avait applaudi à leur honorable démarche ; on leur avait promis, comme il est aussi simple que juste, de traiter à prix et à convenances égales, de préférence avec des Français ; et c'est sans les rappeler, sans les prévenir, sans demander leurs conditions, et tout en disant cependant qu'ils ont établi une concurrence utile, qu'on se presse de traiter, et à très-vil prix, avec deux étrangers ! Et ce sont ces étrangers qui viennent les premiers en répandre la nouvelle !

L'on assure qu'il est même échappé à l'un d'eux, dans un moment d'humeur (et qui n'en a pas ?), de nommer séditieux et jacobins les négocians réunis qui, au nom du commerce de toute la France, ont eu le noble courage de venir offrir à son premier ministre, et cela sans parler de prix, tout l'argent dont elle pourrait avoir besoin pour payer le reliquat de notre dette aux puissances étrangères ! . . . .

Vous le savez, monsieur le comte, je ne suis pas frondeur. Ainsi que vous, je fais profession du respect le plus profond pour la personne du roi. Personne n'admire plus que moi sa haute sagesse, la supériorité de son esprit, la vaste étendue de ses connaissances, sa sévère vertu, et son amour excessif pour les Français.

Tous les jours aussi je bénis le ciel du retour des Bourbons, et tous les jours je l'implore pour que la France ne soit gouvernée que par eux. Je n'ai jamais varié sur ce point; et non plus que vous je n'ai jamais marchandé avec les principes. Ainsi mon assertion ne doit pas être suspecte.

Eh bien! curieux de savoir de quels individus était composée la société de négocians et de capitalistes qui a fait des offres au gouvernement, j'ai tâché de m'en procurer la liste, dont le nombre de signataires se monte à plus de cinquante.

Mais quel n'a pas été mon étonnement, lorsque je n'y ai trouvé que les signatures les plus honorables, c'est-à-dire, presque toutes les premières maisons de la capitale, et des maisons de même classe de Lyon, Marseille, Montpellier, Perpignan, Bayonne, Nantes, Tours, Lille, Strasbourg, etc.

Il est vrai qu'il s'y trouve des individus de diverses opinions; mais je n'y ai reconnu que d'excellens citoyens et les meilleurs royalistes. Et je ne crois blesser personne, en ajoutant que parmi les quatre ou cinq maisons de Paris qui se sont réunies aux étrangers, il n'en est pas qui passent pour plus riches que quelques-unes de cette réunion ; comme il ne s'y en trouve pas qu'on puisse croire plus dévouées à la France et au gouvernement des Bourbons.

Cependant, ce n'a été là que le produit de très-peu de jours. Nul doute qu'un nombre bien plus considérable de fortes maisons et de capitalistes ne vienne encore, s'il y a lieu, grossir cette réunion. Car il faut bien remarquer que ce n'est pas un *monopole* que ces divers négocians et capitalistes on voulu former.

Froissés, humiliés de voir encore des étrangers se mêler de leurs affaires, pour la solde d'une contribution qui, toute douloureuse qu'elle étoit pour la France, a été payée par elle avec le plus grand empressement et l'exactitude la plus religieuse, ces négocians et capitalistes ont voulu former un pacte national, moins par l'appât d'un bénéfice fort disséminé, que pour conserver au moins à la France, le *triste avantage* d'une opération financière, qui (nous devons l'espérer) sera la dernière qu'elle fera de pareille nature.

Mais si c'est là un triste avantage, combien cet avantage ne devient-il pas plus triste, si, comme la brochure que je vous envoie le fait craindre, le gouvernement a traité avec un sacrifice de cinquante millions de plus que le prix auquel il aurait pu traiter, et quand ce sont deux étrangers, sauf peut-être quelques-uns de leurs amis en France, qui emportent cet *énorme* bénéfice, environ le quart des contributions que les propriétaires fonciers ont tant de peine à payer !

Convenez qu'ici on pourrait se livrer à *une sainte colère, à une colère patriotique, à une colère de bon citoyen, sans avoir tort.*

Mais c'est un sentiment plus pénible qui m'absorbe ; c'est celui d'une profonde douleur......

Il est cependant une justice qui est due aux deux étrangers, et il faut la leur rendre.

Le gouvernail de nos finances venait de passer dans de nouvelles mains ; les besoins d'argent étaient toujours comme spontanés et des plus pressans ; l'on montrait si constamment la corde, en négociant toujours à la hâte et aux cours les plus désavantageux , soit des rentes, soit des bons de la caisse de service, que, malgré l'immense richesse de la France, et le peu d'importance de ses dettes , il lui arriva ce qui arrive à tout banquier, quelque riche qu'il soit, qui ne paie pas exactement, qui ne veille pas constamment au maintien de son crédit : celui de la France diminua de plus en plus.

C'est dans cette conjoncture que les deux étrangers arrivèrent en France. On aurait pu traiter avec d'autres négocians, et une administration plus expérimentée aurait pu se passer de tout auxiliaire. Mais enfin, dans la position des choses, l'entremise des étrangers fut utile, et je n'oserais blâmer que le premier emprunt leur fût donné.

Mais ce fut un grand tort de traiter simultanément avec eux, pour le second et pour le troisième emprunt.

Dès le premier emprunt, nous avions mesuré notre crédit; et dès lors l'entremise des négocians étrangers devint superflue. C'était *tout au plus* qu'on aurait pu admettre leur concurrence, et toujours en stipulant *qu'à conditions égales, ils auraient dû céder la place à des négocians établis en France.* Car, si ces étrangers nous avaient été utiles, ils en avaient retiré d'immenses bénéfices, et nous étions pour le moins *quittes* envers eux. Et, où en serions-nous, si tous les Français qui ont rendu des services à la France, devaient être payés dans une égale proportion? Nos revenus d'un siècle ne subviendraient pas aux besoins d'une année.

Ainsi, si déjà alors on a eu tort, combien plus ne l'a-t-on pas à présent? et combien ne sont pas futiles les raisons qu'on fait servir d'apologie, et qu'on semble répandre dans le public ?

C'est ainsi que l'on a jugé à propos de dire « que l'entremise des deux étrangers ferait par» tir plutôt les troupes étrangères. »

Mais nos négocians réunis offrent de payer de suite, ou du moins dans des termes très-rapprochés ; et quelqu'un aura-t-il le front de soutenir qu'ils n'en ont pas les moyens ?.....

Ici il faut encore un mot d'explication.

Il est de notoriété publique que les personnes qui ont été intéressées à Paris, dans les trois premiers emprunts, n'ont fait qu'un seul versement pour chacun, de 18 1/3 p. o/o pour le premier, de 10 p. o/o pour le second, et de 20 p. o/o pour le troisième. Et il est également de notoriété publique que le comité de ces trois emprunts a toujours fait preuve d'une grande aisance, et a presque constamment répandu sur la place de Paris des sommes d'argent fort considérables, qui lui étaient superflues.

Ceci nous prouve l'abondance et la rapidité des ventes qu'il a faites ; et que ces ventes aient eu lieu, soit par des achats pour compte d'indigènes, soit par des achats pour compte d'étrangers, toujours est-il vrai que, directement ou indirectement, *c'est la place de Paris qui a fourni cet argent*, et que les négocians étrangers n'ont presque pas été obligés d'en fournir.

Ainsi, c'est trop compter sur notre ignorance, que de venir nous dire « que l'entre-
» mise des deux étrangers est nécessaire pour
» trouver, dans l'espace de quelques mois, les
» 280,000,000 fr. que la France devra payer
» aux puissances étrangères ; » tandis que les négocians les plus considérables de France forment un faisceau entre eux pour fournir cet argent, et présentent une masse de richesses des plus imposantes, que personne n'osera contester.

Un autre raisonnement digne de pitié, « c'est
» que le placement des 280,000,000 fr. aux deux
» étrangers, a été la cause principale de la hausse
» de la rente. »

Eh bon Dieu ! ne savons-nous pas qu'on a fait l'impossible pour l'empêcher de monter, jusqu'à la conclusion de l'emprunt des 14,600,000 fr. ? Et quel est l'individu, qui ne soit pas entièrement novice sur la tendance qu'avaient les fonds français, qui, depuis long-temps, n'en a pas prévu la hausse ?....

Nous sommes trop bonnes gens, en vérité. Quand tous les fonds dépassent les nôtres, ceux-ci seuls devraient rester stationnaires ! et ce seraient deux étrangers qui, maintenant encore que nous avons les yeux bien dessillés, auraient opéré ce prodige ! !....

Pauvre caisse d'amortissement ! que vous racheterez chèrement les fonds publics qu'on s'est plu à lâcher ainsi , à un taux aussi énorme audessous de leur valeur !

« Mais, si tout cela existe, me direz-vous, » pourquoi ne pas avoir accordé la préférence » au commerce de France ? »

Pourquoi ?.. C'est de la haute politique qu'on intercale ici ; mais il ne m'en est revenu aucune raison que j'oserais me permettre de vous répéter.

On parle des ambassadeurs et ministres des puissances étrangères. Il est possible qu'il y en ait qui ont témoigné *quelque penchant* pour les deux négocians étrangers ; mais tous sont loin d'avoir fait connaître la même prédilection.

D'ailleurs , que peuvent nous demander les puissances étrangères autre chose que de l'argent, ou des crédits qui valent de l'argent ?

Et pourvu que nous nous acquittions, les puissances étrangères ne doivent-elles pas trouver juste que le mode dont nous nous acquittons soit conforme à notre choix, et puisse se rapprocher, autant que possible, de nos intérêts les plus chers?...

Au moment où je vous écris, on m'assure

que le chef d'une des premières maisons de Paris vient d'offrir, dans la supposition du départ des troupes étrangères, et toujours au nom du commerce de France, pour tout l'emprunt des 280,000,000 fr., un prix égal à celui de 75 p. 100 au comptant, à S. Exc. le ministre des finances. Je n'en suis pas surpris; car, du moment que cet emprunt serait fait à ce taux, les rentes ne tarderaient pas à s'approcher du prix de 80 p. 100.

J'apprends aussi que les deux négocians étrangers ont cédé à quelques-uns de leurs amis, à Paris, environ la moitié de l'emprunt des 280,000,000 fr., et que ceux-ci offrent une très-faible portion de leur moitié à plusieurs maisons de Paris, mais que la plupart de ces maisons refusent d'accepter ce cadeau. Aussi, ne sont-ce pas ces maisons-ci qui aspirent au titre de *nos seigneurs les négocians*, comme on se plaît à nommer les negocians en général dans un article de journal, que je ne puis croire officiel, parce que si les négocians ne doivent pas former le premier corps de l'état, il ne s'y trouve guère de corps plus utile, et qui ait plus de droits à l'estime générale.

Mais, j'en reviens au motif de ma lettre, *la valeur réelle et réalisable des fonds de France, l'honneur de la France;* et il n'est pas de bon

Français qui, sous ce rapport, ne soit de mon opinion.

Au reste, c'est la vôtre que je demande, monsieur le comte. Depuis long-temps vous m'avez guidé de vos conseils, et vous savez que je n'ai cessé de vous prendre pour mon *oracle*.

Recevez, etc.

A. J.

Paris, 17 juin 1818.

IMPRIMERIE DE FAIN, PLACE DE L'ODÉON.